CONDITION

DES OUVRIERS EN FRANCE

PAR

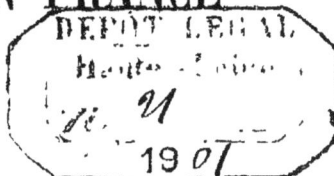
Mᵉ LÉON FAURE

AVOCAT

(Conférence faite à la Bourse du Travail le 7 février 1901)

LE PUY

IMPRIMERIE RÉGIS MARCHESSOU

23, BOULEVARD CARNOT, 23

—

1901

LA CONDITION CIVILE

DES OUVRIERS EN FRANCE

PAR

Mᵉ LÉON FAURE

AVOCAT

(Conférence faite à la Bourse du Travail le 7 février 1901)

—⟫✳⟪—

LE PUY

IMPRIMERIE RÉGIS MARCHESSOU

23, Boulevard Carnot, 23

—

1901

LA CONDITION CIVILE

DES OUVRIERS EN FRANCE

MES CHERS CONCITOYENS,

Toute société civilisée peut se diviser en
classes distinctes; ces classes ne sont pas iso-
lées les unes des autres par des barrières in-
franchissables, mais elles sont séparées par
leurs moyens d'existence, leurs besoins, leur
éducation.

En France, il y avait jadis trois classes bien
déterminées : le clergé, la noblesse, le tiers-
Etat. Mais cette classification était non seulement arbitraire comme le gouvernement lui-
même, elle ne correspondait en rien à la réa-
lité des faits.

En effet, si l'on admet avec la plupart des
historiens (et on ne peut sur ce point avoir de
données bien certaines, car les recensements
n'existaient pas), que le nombre des Français
s'élevait à 25,500,000, on est tout étonné de
constater que l'on accordait le titre de classe aux
nobles qui étaient au nombre de 300,000, aux
clercs qui étaient 200,000, alors que la presque
totalité des Français ne constituait qu'une
classe unique.

La proportion en nombre des membres du
Tiers avec les deux autres ordres était de
98 pour 100.

Il est nécessaire d'arriver à une classification plus juste, qui corresponde véritablement à l'organisation de la Société ; et cette classification est facile.

Peut-être, telle que je vais vous la donner ne sera-t-elle pas absolument scientifique, je m'en soucie peu ; elle me paraît exacte, et j'ai pour principe, dans ces causeries, de vous donner à connaître plutôt une idée personnelle que celles que je pourrais recueillir dans des livres.

Je diviserai donc la société française en deux classes : la classe populaire et la classe bourgeoise ; entre elles la ligne de démarcation est facile à établir : le peuple vit du produit du travail manuel exclusivement ; au contraire, c'est en dehors du travail manuel que la bourgeoisie trouve ses ressources.

La classe bourgeoise se subdivise en trois branches principales : d'une part, les industriels et les commerçants ; d'autre part, ceux qui exercent les professions libérales ou détiennent des fonctions publiques ; enfin, les rentiers.

Vous voyez que cette classification est muette sur les clers et sur les nobles, est-ce par oubli ? — non, c'est parce qu'il convient de laisser à ces deux catégories de citoyens l'exacte importance qu'ils ont. Or, ils trouvent à se caser dans les divisions indiquées, les prêtres se trouvent compris dans les personnes détenant les fonctions publiques ; quant aux nobles, suivant la nature de leurs occupations, ils se classent parmi les paysans, ou parmi les fonctionnaires, ou parmi les rentiers.

Mais ne nous égarons pas ; de ces deux classes, la classe populaire et la classe bourgeoise, c'est évidemment la première qui est de beaucoup la plus intéressante. C'est elle, en effet, qui fournit la plus grosse somme de travail et qui, par conséquent, a le plus de mérite ; c'est chez elle aussi que l'on trouve le plus de misère, et c'est pourquoi elle a droit à une extrême bienveillance.

Quelle est des deux classes populaires, celle qui souffre le plus ? La comparaison a été faite bien souvent entre le sort du paysan et celui de l'ouvrier, on l'a faite dans toutes les langues, en prose et en vers, et l'opinion de tous a été la même, c'est la condition de l'ouvrier qui est la plus mauvaise.

Je ne vous en dirai pas, après tant d'autres, toutes les raisons, je me bornerai à vous en citer quelques-unes qui sautent aux yeux : le paysan est libre, il travaille à sa guise ; l'ouvrier est soumis aux ordres de son patron ; l'un travaille dans l'air vivifiant de la campagne, l'autre dans l'atmosphère souvent viciée de l'usine ; l'un se suffit à peu près complètement à lui-même et n'a besoin des produits fabriqués qu'en ce qui concerne ses vêtements et ses ustensiles aratoires : veut-il construire une maison ? il prend les pierres de ses champs, pour mortier la terre grasse, pour bois le produit de ses forêts, pour couverture des pierres plates ou de la paille ; l'ouvrier, au contraire, ne produit aucun des objets nécessaires à sa consommation, il est toujours obligé d'acheter, c'est-à-dire de donner un bénéfice à celui qui lui vend.

Aussi, plus que celui de tous autres, le sort de l'ouvrier est digne de sollicitude, c'est ce que le législateur a compris, surtout le législateur républicain, et il a organisé un système de lois protectrices pour l'ouvrier.

Ce n'est pas assez, en effet, d'un régime d'égalité pour le pauvre, il faut favoriser le pauvre et le faible, même au détriment du riche et du fort. La mesure à observer sera peut-être difficile, mais si l'on s'inspire des sentiments de bonté, de solidarité et de justice, on pourra, sans dépouiller personne, améliorer le sort de la classe ouvrière.

Je passe, après un trop long préambule, à l'examen des lois qui tendent à ce but.

Loi des conseils de Prud'hommes.

La première en date, et la moins importante, est la loi organisatrice des conseils des prud'-hommes, qui a été promulguée sous le premier empire.

Vous savez à quels obstacles presque insurmontables se heurte celui qui n'a aucune fortune quand il a une difficulté à faire trancher par la justice. — Au lieu que celle-ci soit facilement abordable, elle accumule des obstacles entre elle et le plaideur. — On ne peut s'adresser directement au juge et lui dire : « Voilà mon cas, appréciez-le » ; il faut avoir recours au ministère d'huissier, d'avoués, d'avocats, de greffiers, d'employés de l'enregistrement, toutes personnes dont les services sont coûteux. — On peut dire en fait que le tribunal civil est inaccessible à l'ouvrier. De plus, les solutions sont quelquefois lentes à venir.

Pour les difficultés entre ouvriers et patrons, relatives à leurs rapports professionnels, il n'en est pas ainsi : pas de papier timbré, pas d'intermédiaires, pas de formes solennelles; les intéressés sont convoqués par lettre devant le conseil de prud'hommes composé de trois ouvriers et trois patrons élus par leurs pairs, ils exposent eux-mêmes leur affaire et celle-ci est aussitôt jugée.

Enfin, cette juridiction a encore le double avantage d'émaner de juges compétents, au courant des questions qu'ils ont à trancher des besoins de l'industrie et des usages, et elle peut statuer quel que soit le chiffre sur lequel porte le litige.

Loi sur les saisies-arrêts.

Lorsqu'un créancier n'est pas payé volontairement par son débiteur, il peut néanmoins le contraindre au paiement par la voie de la saisie, qui peut être exécutée sur les meubles ou sur les immeubles.

Mais il peut arriver, et il arrive en effet, que le débiteur n'ait ni meubles suffisants pour produire un prix de vente appréciable, ni immeuble : — le débiteur peut n'avoir pour toutes ressources que son salaire. Dans ce cas, le créancier n'est pas désarmé, il peut faire une saisie-arrêt entre les mains du patron qui doit le salaire, s'il s'agit d'un ouvrier, — entre les mains du trésorier général, s'il s'agit d'un fonctionnaire, — et après diverses formalités judiciaires, le patron ou le trésorier général devront payer une partie du salaire au créancier, et le reste seulement au débiteur.

La loi de 1895 a fait une situation particulièrement favorable à l'ouvrier en réduisant dans la mesure la plus étroite la portion du salaire que le créancier peut saisir-arrêter.

Au lieu que pour un fonctionnaire civil ou militaire le créancier peut appréhender le cinquième du traitement, lorsqu'il s'agit d'un ouvrier le dixième seulement de son salaire est susceptible d'être saisi, à quelque somme que s'élève ce salaire.

Supposons un ouvrier gagnant 2,000 francs par an, et un fonctionnaire gagnant un appointement égal : le créancier de l'ouvrier ne pourra prendre par an que 200 francs, au lieu que le créancier du fonctionnaire aura droit à 400 francs ; c'est donc bien une situation particulièrement favorisée qui a été faite à l'ouvrier.

Vous serez peut-être d'avis que la loi aurait pu être plus libérale encore pour l'ouvrier, et dire que son salaire était absolument insaisissable.

Au premier abord, cette proposition paraît séduisante ; j'irais même plus loin et je dirais qu'il n'y aurait rien, dans une disposition de cette nature, de contraire à la justice.

En effet, de nombreux textes légaux établissent que telles ou telles créances ne peuvent faire l'objet de saisies-arrêts ; il en est ainsi des rentes de l'État, des biens d'une femme dotale, des pensions alimentaires servies par des enfants à leurs parents âgés ou infirmes.

Est-ce que le salaire de l'ouvrier ne peut pas être assimilé à une pension alimentaire qu'il fournit à sa famille ? — Il n'y aurait là rien d'excessif et, juridiquement, l'insaisissabilité des salaires ouvriers n'aurait rien d'exorbitant.

Mais allons plus loin et recherchons quelles seraient les conséquences de cette insaisissabilité du salaire.

Il peut arriver que l'ouvrier père de famille tombe malade, que cette maladie dure longtemps, que la famille soit nombreuse, de telle façon que la mère ne puisse se livrer à aucun travail en dehors des soins qu'elle doit donner à son mari et à ses enfants, — que va devenir cette maison?

Le boulanger, l'épicier et le boucher, qui savent qu'ils ne peuvent rien faire pour exiger le paiement des avances qu'ils auront faites, exigeront d'être payés comptant, ne feront aucun crédit, et la famille de l'ouvrier en sera réduite à solliciter la charité publique; au lieu que, si les fournisseurs savent que par la saisie-arrêt ils pourront recouvrer leur créance, il n'hésiteront pas à livrer a crédit les fournitures nécessaires à l'alimentation de cette famille.

Par conséquent, vous le voyez, l'intérêt bien entendu de l'ouvrier est de se contenter de cette loi de 1895 qui, d'ailleurs, lui fait une situation bien préférable à celle du droit commun.

Je dois, en outre, signaler que cette même loi soumet ces saisies-arrêts à la juridiction du juge de paix, bien moins coûteuse que celle du tribunal civil.

Loi sur les syndicats professionnels.

La loi sur les syndicats professionnels, d'une importance beaucoup plus grande, a été votée et promulguée, en 1884, à l'instigation de M. Waldeck-Roussau et a eu les effets les plus utiles.

L'ouvrier isolé se trouve dans de mauvaises conditions pour débattre avec son patron les conditions du travail; sa famille ou lui ont des besoins immédiats qu'il faut satisfaire et, très souvent, ces besoins lui font accepter ou un salaire trop faible ou une durée de travail trop longue. D'autre part, souvent ignorant, l'ouvrier ne sait ce qui se passe ailleurs que dans la ville où il travaille, il ne peut comparer sa situation et celle de ses voisins de façon à établir un cours en quelque sorte, un taux normal de la valeur du travail.

S'il essaie de demander une augmentation, c'est une demande isolée qui a peu de chances d'aboutir.

Au contraire de ce qui arrive à l'ouvrier isolé, les ouvriers, une fois d'accord sur leur but, sont puissants ; ils peuvent débattre, presque dans des conditions égales, les questions qui les intéressent. Ce n'est plus la lutte du pot de terre contre le pot de fer, c'est la lutte, ou tout du moins le conflit d'intérêts entre deux abstractions, le travail et le capital, d'égale importance.

Et, quand je dis d'égale importance, je ne dis pas toute ma pensée : le travail sera, en définitive, vainqueur dans ces débats ; il a pour lui le nombre, le bulletin de vote, la légitimité de ses revendications, et ce sont là des armes avec lesquelles on est invincible.

L'effet de la loi de 1884 a été de permettre aux ouvriers de se grouper, de se syndiquer pour la défense de leurs intérêts. Ils ont désormais des locaux habituels de réunion où ils se retrouvent à des jours déterminés, où ils échangent leurs idées ; dans ces lieux de réunions que l'on a appelés souvent des Bourses du travail, ils fixent la valeur de leur effort, le cours de leur salaire, sauf à le débattre ensuite avec le patron. Les syndicats peuvent, en outre, se concerter entre eux, se fédérer ; ils peuvent avoir une caisse alimentée par des cotisations, ils peuvent plaider en justice.

En un mot, c'est le meilleur instrument de

conquête que l'on pouvait mettre entre les mains des ouvriers.

Quelle était, à ce point de vue, la situation antérieure ?

Il était absolument interdit aux ouvriers de se réunir, et les textes abondaient qui proclamaient cette défense.

En premier lieu, la loi du 2 mars 1791, qui, édictée dans l'intérêt des ouvriers, leur était devenue nuisible. La loi de 1791 avait pour but la destruction des corporations de l'ancien régime et l'interdiction de toute réunion d'ouvriers. Cette loi, excellente au moment où elle avait été promulguée, était devenue mauvaise dans les conditions nouvelles du travail à la fin du XIXe siècle.

De plus, l'article 416 du Code pénal interdisait toute atteinte à la liberté du travail.

Enfin, l'article 291 du Code pénal punissait les associations de plus de 20 personnes.

Au point de vue donc de la liberté d'association qui leur a été accordée seuls entre tous les Français depuis 1884, les ouvriers doivent se considérer dans une situation véritablement privilégiée.

Loi sur les accidents du travail.

Je terminerai l'examen peut-être incomplet des lois protectrices de l'ouvrier par l'étude rapide de la loi sur les accidents du travail.

Avant la promulgation de cette loi en 1898, les ouvriers, victimes d'un accident dans leur travail, se trouvaient dans la même situation que toutes les personnes à qui il arrivait un accident, que celui dont le fusil éclatait entre ses mains, dont la voiture versait en lui brisant une jambe.

Le principe était que l'accident était à la charge de la victime, la perte, toute la perte était pour elle seule, le préjudice subi par elle seule, et, en particulier, le patron ne devait rien à l'ouvrier à la suite de l'accident.

Il n'y avait qu'un cas où le blessé pouvait être dédommagé, c'était celui où il démontrait que l'accident avait eu pour cause la faute de son patron.

C'était une preuve difficile à faire ; il pouvait arriver que l'accident n'ait pas eu de témoins, et alors la preuve devenait impossible, l'ouvrier restait sans indemnité ; d'autres fois, les témoins étaient des ouvriers du même patron qui, craignant d'être renvoyés, n'osaient rien dire ; enfin, il pouvait arriver aussi que l'accident provînt d'un cas fortuit sans qu'il y ait faute de personne, et, dans tous ces cas, c'était l'ouvrier qui supportait seul les conséquences de l'accident. Non seulement il était estropié ou infirme, mais encore il était condamné pour toujours à une misère sans espérance. C'était une injustice criante que la loi de 1898 a fait disparaître. Aujourd'hui, ce n'est pas l'ouvrier tout seul qui subit la perte causée par un accident du travail, le préjudice subi est supporté en partie par le patron et, on peut le dire, pour la plus grosse partie.

La proportion dans laquelle le patron subit la perte varie suivant les incapacités de travail consécutives à un accident.

En cas d'incapacité permanente absolue (comme la cécité ou l'amputation d'un bras), le patron doit continuer à payer à l'ouvrier une rente viagère égale aux deux tiers de son salaire antérieur. Si l'ouvrier gagnait, avant

l'accident, 4 fr. 50, le patron paiera après
3 francs, c'est-à-dire que l'accident aura eu
pour conséquence pécuniaire de faire perdre
3 francs par jour au patron et 1 fr. 50 à l'ouvrier.

En cas d'incapacité partielle permanente
(amputation de deux doigts ou jambe cassée
et mal consolidée), de même qu'en cas d'incapacité temporaire (bras cassé qui est complètement guéri), la perte est subie moitié par le
patron et moitié par l'ouvrier.

En cas de décès enfin, l'indemnité payée à
la famille de l'ouvrier, qui varie suivant le
nombre des membres de cette famille, est en
moyenne de 50 pour 100 du salaire.

Vous le voyez, le principe de la loi, c'est
que le préjudice causé par un accident du
travail doit être partagée entre le patron et
l'ouvrier, la plus grande partie de la perte
étant à la charge du patron qui, dans tous les
cas, paie les soins médicaux.

C'est un grand progrès par rapport au passé;
ce n'est cependant, à mon avis, que la première étape vers la solution la plus juste.
Pourquoi la perte ne serait-elle pas subie
exclusivement par le patron? Le mobile qui
pousse l'ouvrier à travailler, c'est le souci de
parer aux besoins des siens; celui qui anime
le patron est plus complexe : en dehors de
ses besoins, il pense à sa fortune qu'il accroît
souvent dans des proportions considérables.

N'est-il pas légitime que celui qui a de
grandes chances de gain subisse aussi lui seul
les chances de perte ?

Ce sera là, Messieurs, ce que doivent tenter
vos efforts de demain. Il eut peut-être été
imprudent de trop réclamer une première fois,
car une loi trop radicale n'aurait pas passé à
la Chambre ; nous devons déjà être très heu-

reux de cette première conquête que vous n'aurez pas grand'peine à rendre définitive et complète.

* *

Vous le voyez, la situation des ouvriers, au point de vue de leur condition civile, est meilleure que celle des autres classes de la société.

A qui devez-vous ces réformes?

— A la République, aux Républicains, pour les trois plus importantes des lois que nous venons d'examiner.

Il ne faut jamais l'oublier, avoir le souvenir et la reconnaissance des services rendus, et considérer les ennemis de la République comme vos ennemis personnels.

On vous représente quelquefois les républicains comme constituant un péril national; on vous dit que la République est un gouvernement tyrannique qui supprime toutes les libertés. Autant d'affirmations, autant de mensonges.

A la différence des gouvernements monarchiques qui, par leur nature même, sont des gouvernements autoritaires, la République est par essence un régime de liberté: ne vous donne-t-elle pas la liberté de conscience, la liberté de vote, la liberté de réunion, la liberté de la presse, la liberté de la parole, etc.? Il n'est qu'une liberté qu'elle ne veut pas reconnaître à ses adversaires, c'est celle de la supprimer.

Et c'est un droit pour un gouvernement de se défendre, c'est même un devoir strict, auquel il manquerait en n'assurant pas la sécurité et l'ordre public dont il a la garde.

En dehors de ces affirmations, les ouvriers

sont quelquefois l'objet de tentatives hypo-
crites, de propositions louches; — on les
mène dans des cercles prétendus catholiques,
on leur fait de menus cadeaux, on les flatte...
Ils ne doivent pas se laisser prendre à ces
manœuvres qui sont intéressées au premier
chef : — ce n'est pas par sympathie ni par
goût que ces gens vous recherchent et vous
cajolent, c'est par besoin, ils veulent être
élus et ils racolent l'électeur.

Demandez, en effet, un peu à ces organisa-
teurs de conférences cléricales ce qu'ils se
proposent de faire pour améliorer le sort de
la classe populaire, c'est là que vous devez
reconnaître vos amis. — Vous les embar-
rasserez bien, car ils ne peuvent ni ne veulent
rien faire, que vous tromper et se servir de
vous comme d'instrument pour arriver au
pouvoir. Une fois arrivés, ils auront tôt fait
de vous renier et de vous arracher les libertés et les avantages que vous avez conquis.

Aimez donc la République et aimez-la en
ayant confiance en elle.

Il y a, en effet, deux états d'esprit mauvais
chez l'ouvrier : c'est, d'une part, le découra-
gement, le renoncement à l'espoir des con-
quêtes sociales, car, s'il désespère de l'avenir
de sa classe, il est trop enclin à ne recher-
cher que des satisfactions matérielles qui le
diminuent ; c'est, d'autre part, de se laisser
prendre aux utopies, de croire qu'une révolution ouvrirait une ère de prospérité géné-
rale.

La vérité est entre ces deux extrêmes, il
ne faut pas rester inertes, ce n'est pas assez,
— ni faire de révolution, c'est trop.

Il faut croire à la nécessité de l'évolution
des idées et des hommes, il faut y pousser de
toute son énergie et de toute sa volonté; et

en agissant ainsi, vous pouvez attendre avec patience, et même avancer le jour où sonnera l'heure de la justice, le jour où toutes les légitimes revendications des humbles seront accueillies.

(Extrait du journal *La Haute Loire*).

Le Puy. — Imp. R. Marchessou.